동물 아틀라스

에릭 마티베 글 | 벵자맹 쇼·제레미 클라팽 그림
이세진 옮김 | 원창만 감수

문학동네

지구에 사는 동물

동물은 전 세계에 퍼져 있지만 모든 동물이 아무 곳에서나 사는 건 아니다. 저마다 자기가 태어난 환경에 적응하며 다양한 모습으로 살고 있다. 물론 철새나 고래처럼 아주 멀리까지 여행하는 동물도 있지만, 대부분은 태어난 지역에서 살아간다.

곤충류
곤충과 그 밖의 무척추동물(애벌레, 해파리, 새우, 달팽이 등)은 그 수가 엄청나게 많다. 알려진 것만 해도 100만 종이 넘는데, 아직도 알려지지 않은 것들이 있다.

포유류
포유류는 종류가 그다지 많지 않다. 사람을 비롯하여 사자, 돌고래, 고릴라까지 모두 4,000여 종의 포유류가 있다고 한다.

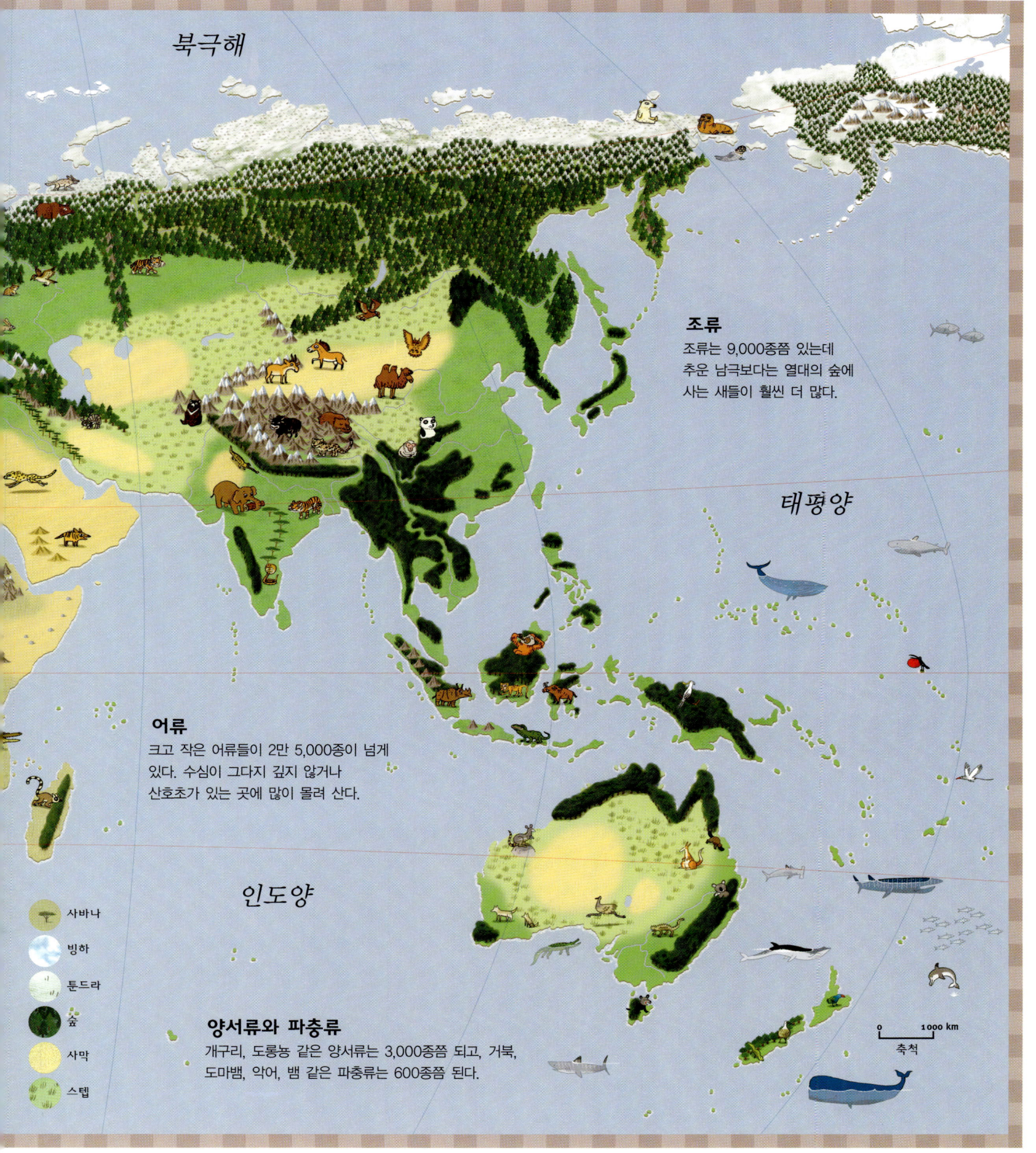

얼음의 땅, 북극

바다가 얼어붙어 빙산이 생길 정도로 추운 북극. 이 곳에 사는 동물들은 추위를 잘 견딜 수 있어야 한다.

북극곰이 물범을 노리고 있다. 북극곰은 지방층이 10센티미터나 돼서 한겨울에도 끄떡없다.

벨루가는 돌고래와 비슷하게 생긴 포유류이다. 흔히 흰돌고래라고 부른다.

그린란드의 아기 **물범**은 빙산 위에서 태어난다. 하얀 털가죽 덕분에 남의 눈에 잘 띄지 않는다.

하얀 얼음의 섬 **그린란드**도 여름이면 땅이 촉촉해지고 풀이 돋아난다. **순록**은 여유롭게 풀을 뜯어 먹고, **쇠기러기**와 **아비**는 가을에 남쪽으로 날아갈 수 있도록 힘을 모아 둔다. 이 때 새들은 몸집이 작은 **북극여우**를 조심해야 한다. 녀석이 새끼들을 덮칠 수도 있기 때문!

레밍(나그네쥐)

북쪽에 사는 설치류인 레밍은 식물이라면 뭐든지 먹는다. 게다가 일 년 내내 새끼를 낳을 수 있어서 수가 아주 많다. 이들은 떼를 지어 풀이 있는 곳을 찾아다니는데, 앞으로만 달리다가 늪지대나 바다에 한꺼번에 빠져 죽기도 한다.

극지방에는 **툰드라**라고 부르는 넓은 벌판이 있다. 겨울이 되면 이 곳은 온통 눈밭이 되고, **사향소**들은 눈을 파헤쳐 풀을 찾는다. 그러다 **늑대**들이 다가오면 뿔을 바깥쪽으로 향하여 원 모양으로 진을 친 뒤 공격에 대응한다.

북극 지방의 숲에 사는 **갈색곰**은 뭐든지 잘 먹는다. 제일 좋아하는 꿀을 먹을 때는 벌들이 아무리 쏘아 대도 끄떡도 하지 않는다.
잎이 가늘고 키가 큰 전나무 숲은 공간이 충분해서 커다란 뿔이 달린 **말코손바닥사슴**도 유유히 거닐 수 있다. 말코손바닥사슴은 사슴 중에서 덩치가 가장 큰 종류로 키가 2미터를 넘는다.

유럽

북유럽 숲의 겨울, 온몸이 새하얀 흰올빼미가 눈 쌓인 나뭇가지에 앉아 있다. 나무 아래로는 순록, 스라소니, 족제비가 먹이를 찾아 어슬렁거린다.

광활한 스텝

유럽과 아시아 사이에는 스텝이라고 부르는 넓은 온대 초원이 있다. 풀이 자라지 않은 땅 밑으로는 햄스터를 비롯한 온갖 종류의 설치류들이 산다.

뱀독수리는 뱀을 아주 좋아하는 맹금류이다.

오피사우루스는 뱀이 아니라 발이 퇴화된 도마뱀이다.

땅다람쥐는 다람쥐의 사촌뻘이다.

긴털족제비

햄스터

햄스터

유럽의 스텝 지역에 사는 햄스터는 무게가 500그램이나 나가는 아주 기운 좋은 설치류이다. 사람들이 키우는 햄스터와는 다른 종이다. 애완용 햄스터의 원산지는 아시아로 녀석들은 훨씬 더 작고 유순하다.

스텝의 설치류들은 땅굴을 파고 그 안에 숨어 산다. 그런데 문제는 설치류를 잡아먹는 족제비도 땅을 팔 줄 안다는 사실!

유럽들소는 미국 그레이트플레인스에 사는 들소와는 달리 숲 속에서 산다. 그리고 미국 들소보다 머리는 작지만 키는 더 크다. 한때 멸종 위기를 맞기도 한 유럽들소는 폴란드와 러시아의 동물 보호 구역 같은 야생 그대로의 환경에서만 살 수 있다.

붉은개미들이 진딧물을 기른다. 진딧물의 달콤한 '즙'을 좋아하는 붉은개미는 다른 곤충이 진딧물을 해치지 못하도록 보호하는 것이다.

풍뎅이는 하얗고 커다란 유충의 모습으로 땅에서 3년을 산다. 그러다가 성충 풍뎅이가 되어서는 고작 몇 주일밖에 살지 못한다.

매일 아침 **거미**는 새로운 거미줄을 짜고서, 곤충이 걸려들기를 참을성 있게 기다린다.

숲이나 농경지 가장자리에 자연적으로 생겨난 풀밭은 수많은 곤충과 작은 동물들의 왕국이 된다.

풀을 좋아하는 **멧토끼**는 겁이 많아서 낮보다는 주로 밤에 돌아다닌다.

푸른풀메뚜기 중에서 노래를 하는 것은 수컷이다. 암컷을 유혹하기 위해 다리로 날개를 비벼서 소리를 낸다.

꿩은 먹이를 구하기 위해 숲에서 풀밭으로 나왔다가 사냥꾼의 총에 맞기도 한다. 기르던 꿩을 일부러 풀어 주고 사냥을 하는 사람들도 있다.

해골박각시의 등에는 옛날 해적선 깃발에 그려진 것 같은 으스스한 해골 모양이 있다.

산개구리는 물가에서 살지 않는다. 풀밭 한복판, 특히 신선한 풀이 많이 난 곳에서 볼 수 있다.

겨울이 오면 마멋은 굴 속에 들어가 겨울잠을 자고, 산은 아무도 없는 것처럼 적막해진다. 그렇지만 눈보라가 휘몰아치고 살을 엘 듯 추위도 아랑곳하지 않는 동물들이 있다.

샤무아는 곡예사처럼 산을 주름잡고 뛰어다니며, 가파른 산등성이에서 떼 지어 노닐곤 한다.

알프스에 사는 **바위뇌조**는 겨울이 되면 갈색 깃털이 흰색으로 변하는데, 이 때 두둑해진 솜털이 몸을 따뜻하게 해 준다. 깃털로 덮인 다리 덕분에 눈밭에도 빠지지 않고 잘 걸어다닌다.

눈들쥐는 이름에서도 알 수 있듯이 추위를 전혀 두려워하지 않는 설치류이다. 겨울이면 눈밭을 파고 다니면서 사방을 구경한다.

흰목대머리수리도 다른 독수리처럼 동물의 시체만 먹고 산다. 하지만 오랫동안 양치기들은 이 새가 양을 공격한다고 생각했기 때문에 흰목대머리수리를 보면 쫓아 버리기에 바빴다.

알프스영원은 해발 2,000미터에서도 살 수 있는데, 신선한 물이 있는 곳이라면 호수, 연못, 웅덩이, 심지어 수영장도 좋아한다. 봄에는 예쁜 색깔을 띤 수컷이 암컷 앞에서 맵시를 뽐낸다.

지중해 연안은 먼 옛날엔 숲이었다가 바닷가로 변한 곳이라, 지금도 수풀이 무성하다. 이 곳에는 매미, 사마귀, 전갈, 도마뱀 등이 산다.

북해에 사는 작은 동물들이 모두 다 갑각류만은 아니다.

'중국 모자' 라는 별명을 지닌 **삿갓조개**는 연체동물이다.

홍합 따위를 먹고 사는 **불가사리**는 극피동물이다.

바다의 별 같은 **성게**는 극피동물이다.

가리비는 연체동물이다.

다슬기도 연체동물이다.

곰치는 암초의 구멍 속에 숨어서 먹잇감을 기다린다.

해마는 얼굴이 기다랗고 꼬리가 돌돌 말린 작고 독특한 모양의 물고기이다.

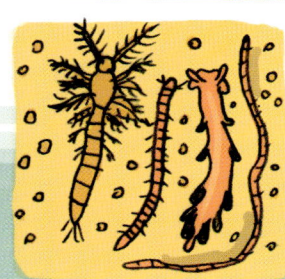

모래 바닥에는 몸이 딱딱한 껍데기에 둘러싸인 갑각류를 비롯하여 고둥류와 원생동물이 살고 있다.

소라게는 갑각류이지만 딱딱한 껍질이 없어서 속이 빈 소라를 차지하고 산다.

게는 껍데기와 집게가 단단한 갑각류이다.

아레니콜라는 진흙기가 많은 모래에 사는 벌레이다.

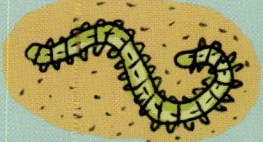

갯지렁이는 그나마 활발하게 움직이는 벌레이다. 하지만 이 녀석도 모래 속에 숨어 있기는 마찬가지!

지중해는 **향유고래** 같은 덩치 큰 포유류와 **참다랑어**처럼 힘차게 헤엄을 쳐서 먼 거리를 이동하는 어류가 찾아오는 곳이다. 지중해에 많이 살던 **붉은바다거북**은 지금은 해수 오염과 사람들의 어업 활동으로 찾기가 힘들어졌다.

사막

사하라 사막은 세계에서 가장 뜨겁고 가장 넓은 사막이다.

사하라 사막에는 비가 거의 오지 않는다. 장소에 따라 1년에 겨우 한 번, 아니면 그나마도 오지 않는다고 한다. 이렇게 건조한 곳에서 살 수 있는 동물은 아주 드물다. 사막의 낮은 극도로 무덥지만 밤은 아주 춥다. 그래도 대부분의 동물들은 밤에 활동한다.

벤히새매는 아주 빠르게 날아다니는 맹금류이다. 먹이를 잡기 위해서라면 사하라 사막 한복판까지도 쫓아간다.

단봉낙타는 오랫동안 물을 먹지 않고도 잘 견디기 때문에 상인들은 사막을 가로질러 물건을 나를 때 단봉낙타를 이용한다. 낙타는 오랜 여행을 마치고 나면 부족한 물을 보충하기 위해서 한꺼번에 100리터나 되는 물을 마시기도 한다.

사하라의 **멧토끼**는 낮에는 보이지 않는 곳에 숨어 있다. 귀가 아주 크기 때문에 여우나 맹금류가 다가오는 소리를 빨리 알아차릴 수 있다. 그리고 토끼 귀는 열을 내보내 체온을 낮춰 주는 역할도 한다.

뛰는쥐는 기다란 뒷다리로 껑충껑충 뛰어서 옮겨 다닌다. 한 번에 1미터도 넘게 뛸 수 있다고 한다. 사막에 사는 다른 설치류처럼 뛰는쥐도 낮에는 굴 속에 숨어 지낸다. 뛰는쥐는 양분과 수분이 모두 들어 있는 곡식을 먹고 살기 때문에 따로 물을 마시지 않아도 살 수 있다.

사막뱀이 지나간 흔적이 모래 위에 희한한 모양으로 남아 있다. 사막뱀은 뜨거운 모래에 배를 붙이고 기는 게 아니라 풀쩍 뛰듯이 몸을 들었다가 저만치에 내려놓는다.

페넥여우

페넥여우는 여우 중에서 몸집이 가장 작지만 귀 하나만큼은 아주 크다. 혈관의 피가 이 커다란 귀를 돌다 보면 온도가 낮아지기 때문에 귀가 바로 체온을 낮추는 구실을 하는 것!

아프리카

초원의 왕으로 불리는 사자가 언덕 위에 올라 자기 영역을 굽어보고 있다.

열대 초원, 사바나

비가 많이 오는 우기에는 풀이 무성하게 자라 초록색 들판이 되지만, 비가 내리지 않는 건기에는 갈색으로 변한다.

다양한 동물들이 **아프리카 사바나**에서 자라는 식물을 먹고 산다. 얼룩말, 영양, 누 같은 동물은 떼를 지어 다니면서 좋은 풀을 찾기 위해 먼 거리를 여행하기도 한다. 다른 동물을 먹이로 삼는 포식자들은 가장 약한 동물들을 먼저 공격한다.

독수리, 하이에나가 누의 시체에 달려들고 있다.

치타 가족이 초식 동물 무리를 따라가고 있다. 병들거나 어려서 뒤처지는 동물을 노리는 것이다.

아프리카들개(리카온)가 가엾은 얼룩말을 괴롭히고 있다.

자칼은 덩치가 작지만 영리하다. 한 놈이 어미 영양을 상대하는 동안, 다른 놈은 새끼를 공격한다.

개코원숭이는 턱이 아주 튼튼한 원숭이이다. 무리를 지어서 땅에서 산다.

검은코뿔소 새끼가 어미의 보살핌을 받고 있다. 어미의 몸무게는 1톤이 넘는다.

무더운 낮 동안 **사자**는 나무 그늘에서 낮잠을 잔다. 오후 늦게 암사자는 새끼와 게으른 남편에게 먹이를 주기 위해 사냥을 나간다.

나뭇잎과 풀을 엄청나게 먹어 치우는 **코끼리**는 나무껍질을 뜯어내서 먹기도 한다. 코끼리는 무척 지혜로워서 적을 만들지 않는다. 이들을 위협하는 건 오로지 인간과 인간의 총뿐이다.

물이 있는 곳에는 많은 동물들이 모여든다. 우아한 **임팔라영양**과 길고 뒤틀린 뿔을 지닌 **쿠두** 수컷들이 주위를 살피면서 물을 마시고 있다. **흑멧돼지** 한 마리도 근처에 자리를 잡았다. **물소**는 진흙탕에서 목욕을 한다. 몸에 붙어사는 작은 동물들을 없애고 체온을 식히는 데는 진흙 목욕이 최고이기 때문이다. 하지만 목욕을 할 땐 커다란 **악어**한테 잡히지 않도록 조심해야 한다.

흰개미들이 커다란 개미집을 지었다. 흰개미 가운데 일개미들이 집을 완성하고 나면, 병정개미들이 나서서 용감하게 집을 지킨다.

아프리카대머리황새는 주로 동물의 시체를 먹고 산다.

뱀잡이수리가 제일 좋아하는 먹이인 뱀을 잡았다!

땅돼지의 발톱은 아주 튼튼해서 땅굴을 파거나 개미집을 무너뜨리고 개미들을 잡아먹는 데에 꼭 알맞다.

미어캣(슈리케이트)은 경계심이 많다. 그래서 늘 몇 마리가 굴 입구에서 감시를 하다가 독사나 맹금류가 나타나면 소리를 질러서 친구들에게 위험을 알린다.

기린은 키가 커서 사자도 기린을 함부로 공격하지 못한다. 이렇게 큰 키 덕분에 다른 초식 동물이 먹을 수 없는 나뭇잎도 먹을 수 있다.

타조는 여러 마리의 암컷이 수컷 한 마리에게 몰려들어서 같은 둥지에 알을 낳는다. 수컷은 알이 부화할 때까지 알을 지킨다.

메뚜기는 맛있는 풀을 찾아 떼를 지어 수천 킬로미터나 여행을 떠난다. 지나는 길목의 농작물을 모조리 먹어 치워 농경지를 못 쓰게 만들기도 한다.

아프리카 열대 우림

아프리카 한복판에는 기온이 높고 비가 많이 내리는 열대 우림이 있다. 숲이 우거진 곳에서는 땅에서 나무 꼭대기까지 주인 노릇을 하는 동물이 따로 있다.

르완다의 화산 국립 공원에는 **마운틴고릴라**가 많이 산다. 마운틴고릴라는 주로 나무 밑 쪽에서 식물을 먹으며 평화롭게 산다. 무리가 흐트러지면 가장 큰 수컷이 소리를 지르고 자기 가슴을 치면서 위협적인 신호를 보내는데, 실제로 물어뜯거나 주먹질을 하는 일은 아주 드물다.

울창한 숲에는 기린의 사촌쯤 되는 **오카피**가 산다. 오카피는 짙은 색의 기다란 혀로 나뭇잎을 뜯어 먹는다.

맨드릴개코원숭이는 얼굴과 엉덩이 색깔이 같은 덩치 좋은 원숭이이다.

노랑투구코뿔새는 부리가 전체 몸무게의 10분의 1을 차지한다.

가봉북살모사는 먹이를 쫓을 때는 소리 없이 기어가지만, 적이 다가올 때면 아주 시끄러운 휘파람 소리 같은 것을 낸다. 독성이 강해서 이 뱀에게 물리면 죽을 수도 있으므로 피하는 게 좋다.

커다란 나무들 아래로는 햇빛이 많이 파고들지 못한다. 이 그늘진 수풀 바닥은 떨어진 나뭇잎으로 뒤덮여 있는데, 그 곳에는 곤충, 벌레, 그 밖의 작은 동물들이 살고 있다.

체체파리

체체파리는 수면병을 일으키는 기생충을 옮긴다. 체체파리에 물렸을 때 빨리 치료하지 않으면 깊은 잠에 빠져 그대로 죽을 수도 있다.

침팬지들의 점심시간이 아수라장이 되고 말았다. **표범**이 갑자기 나타나 침팬지 새끼를 나무 위로 채어 갔기 때문이다.

라텔은 공격적이고 고집 센 육식 동물이다. 단단한 발톱으로 땅을 파서 벌레나 곤충을 잡아먹기도 하고, 벌집을 찾아서 꿀을 먹기도 하는데, 꿀을 찾을 땐 꿀이 있는 곳을 알려 주는 **벌꿀길잡이새**를 이용한다.

턱이 매우 발달한 **군대개미**는 백만 마리씩 무리를 지어 이동하면서 만나는 곤충은 무엇이든 공격한다. 매일 이동을 하기 때문에 여왕개미는 걸어가며 알을 낳는다.

호저

호저는 아프리카 남부의 암석 지대와 숲에 자주 나타나는 동물로 산미치광이라고도 부른다. 적을 만나면 아주 긴 가시들로 무장을 한 뒤 가시털을 떨어 소리를 내며 움직인다.

북부 산악 지대

북부의 극지방에는 높은 산과 툰드라라고 부르는 넓은 벌판이 펼쳐져 있다. 기온이 낮아 잎이 넓은 나무는 자라지 못한다. 사람의 손을 타지 않은 야생의 모습이 많이 남아 있다.

아메리카 툰드라 지대에 사는 순록은 **카리부**라고 부르는데, 이름만 다를 뿐 유럽과 아시아에 있는 순록과 같은 종류이다.

먹을 것이 적은 북부 지방의 겨울 숲에서는 **회색늑대**가 무리를 지어 사냥을 다닌다.

태평양에 살던 **연어**들이 자기가 태어난 곳에서 알을 낳으려고 힘차게 강을 거슬러 올라간다. **그리즐리베어**는 물이 얕은 곳이나 연어들이 바위를 피해 훌쩍 뛰어올라 지나는 곳에 기다리고 있다가 재빠르게 연어를 잡아채 먹는다.

코디액불곰은 알래스카에 사는 갈색곰이다. 뒷발로 일어서면 키가 3미터쯤 되고, 몸무게는 800킬로그램이나 된다. 땅 위에 사는 육식 동물 중에서 덩치가 가장 크다.

모기

모기의 알은 겨울을 견디고 봄이 되면 부화하여 바람을 타고 날아가는데, 그 수가 수십억 마리나 된다고 한다. 모기의 이런 번식은 숲에 사는 동물들에게는 정말 골치 아픈 일이다.

아메리카 서부 지방

인디언으로 불리던 아메리카 원주민과 카우보이의 땅, 아메리카의 서부 지역에는 넓디넓은 초원이 많다.

아메리카 서부의 그레이트플레인스에는 머리 큰 들소가 떼로 다닐 정도로 많았다. 하지만 19세기 서부 개척자들이 마구 사냥하는 바람에 들소는 말 그대로 떼로 사라지고, 이 곳은 거대한 경작지로 탈바꿈했다.

가지뿔영양(프롱혼)은 엄청나게 빨리 달린다. 생김새가 영양 같기도 하고, 염소 같기도 하고, 사슴 같기도 하다.

그레이트플레인스

끝이 보이지 않을 정도로 풀이 무성한 그레이트플레인스는 초식 동물들에게 정말 이상적인 곳이다. 하지만 안타깝게도 그 많던 들소와 가지뿔영양은 사실상 멸종한 거나 다름없다.

코요테

굴파기올빼미는 땅을 파거나 버려진 땅굴을 찾아서 집으로 삼는다.

프레리도그는 그물망 같은 땅굴을 파서 그야말로 '지하 도시'를 건설한다.

흰머리수리

머리가 하얀 흰머리수리는 주로 강가, 호숫가, 해변에 산다. 흰머리수리는 미국을 상징하는 새이기도 하다.

29 · 북아메리카

데스밸리는 캘리포니아에 있는 사막으로 북아메리카에서 가장 덥고 건조한 지역이다.

방울뱀은 꼬리를 움직여서 위협적인 소리를 낸다.

벨록스여우는 밤이면 굴에서 나와 먹이를 찾아 사막을 어슬렁거린다.

큰갈색박쥐

캘리포니아의 다양한 자연 환경
태평양에 맞닿아 있는 캘리포니아에는 뜨겁고 건조한 사막에서 천 년 넘은 나무숲까지 모두 펼쳐져 있다.

세쿼이아 숲의 커다란 나무들 아래로 **줄무늬스컹크**가 여유롭게 걸어 다닌다. 스컹크는 지독한 냄새를 뿜어 자신을 보호하기 때문에 겁날 것이 없다. **점박이올빼미**도 이 숲에서만은 나무꾼이 두렵지 않다. 세쿼이아 숲은 나무꾼이 들어오지 못하도록 법으로 정해져 있기 때문!

붉은발개구리

붉은스라소니는 사냥꾼과 독축업자들을 재빠르게 피한다. 시력이 아주 발달해서 멀리서부터 위험을 알아차릴 수 있기 때문이다.

캘리포니아 북부의 호젓한 해변에 여름이 오면, 수컷 **바다사자**가 암컷들 사이에서 구애를 펼친다.

아홉띠아르마딜로는 이름 그대로 아홉 개의 띠가 등딱지에 뚜렷하게 보인다.

강한 독을 가진 **검은독거미**는 암컷이 종종 수컷을 잡아먹어 결국 암컷 혼자 남는 경우가 많다.

북아메리카의 남동부 지역

이따금 몰아치는 무서운 태풍만 아니면 항상 열대 지방처럼 더운 날씨가 계속된다. 늪이 있는 습지대가 많다.

이질바퀴 (미국바퀴)

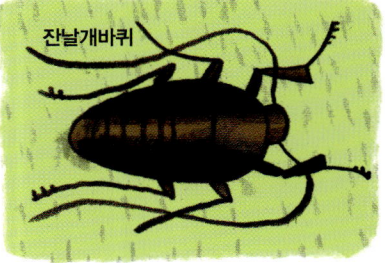
잔날개바퀴

세상에서 가장 작은 새는 쿠바의 **벌새**이다. 몸길이가 6센티미터도 안 되고, 무게는 겨우 2그램 정도이다.

전 세계 어디에서나 사는 **바퀴벌레**는 어둡고 습한 곳을 좋아한다.

북아메리카주머니쥐는 캥거루처럼 어미 몸에 있는 주머니에서 새끼를 키운다. 조금 자란 새끼는 어미의 등에 업혀 지내기도 한다.

루이지애나와 **플로리다 늪지**에는 **악어**가 많다. 몸길이가 3~4미터쯤 되는 커다란 악어는 아주 위험하지만, 악어가 인간을 공격하는 일은 그리 많지 않다.

자라의 등딱지는 말랑말랑하지만 가죽처럼 두껍고 튼튼하다.

메기가 맹렬하게 따라붙는 **긴코민물꼬치고기**를 따돌리고 있다.

주걱철갑상어는 주걱처럼 생긴 큰 입을 쩍 벌려 작은 먹이들을 집어삼킨다.

악어거북

악어거북은 민물에 사는 거북 중에서 덩치가 가장 크다. 길이가 1미터에 무게는 100킬로그램이나 되는 것도 있다. 이빨은 사람 손가락도 물어뜯을 수 있을 정도로 날카롭다. 악어거북은 입을 벌리고 꼭 벌레처럼 생긴 장밋빛 돌기를 움직여서 물고기를 유인한다.

카리브 해의 섬들

쿠바, 과들루프, 자메이카 등의 많은 섬들로 이루어진 서인도 제도에는 낯설고 독특한 동물들이 많다.

큰왜가리

멕시코도롱뇽(악솔로틀)

멕시코도롱뇽은 피터 팬처럼 영원히 어른이 되고 싶지 않은가 보다. 어릴 때 있던 아가미가 어른이 되어도 사라지지 않으니 말이다. 그래서 멕시코도롱뇽은 다른 도롱뇽처럼 어른답게 물 밖으로 나가지 않고 그냥 물 속에서 살아간다!

마르티니크 섬은 카리브 해의 다른 섬들과 마찬가지로 유럽인이 총, 사냥개, 집고양이 등을 이끌고 나타난 뒤로 원래 살던 많은 동물들은 사라져 갔다.

더운 지방에 사는 **제부**는 소의 일종이다.

아놀도마뱀은 **몽구스**에게 잡아먹히지 않기 위해 조심스럽게 행동한다. 몽구스는 원래 아시아에서 여행 온 사람들이 데려온 동물인데, 이 섬에서 빠르게 번식했다.

달랑게는 한쪽 집게가 큰 걸로 유명하다.

아이티솔레노돈은 힘센 발톱으로 두더지처럼 땅굴을 판다.

이 **앵무새**는 세인트루시아라는 작은 섬에 있는 숲에서만 산다.

과들루프의 **까막딱따구리**는 울음소리가 시끄러운 새이다.

카리브 해의 섬에 가면 예쁜 **비단날개새**의 노랫소리를 들을 수 있다.

쿠바의 **피그미올빼미**는 키가 20센티미터쯤밖에 안 되지만 올빼미 중에서 가장 작은 건 아니다.

아이티 섬에 사는 **뿔이구아나**는 콧잔등에 세 개의 작은 뿔이 나 있다.

멕시코와 중앙아메리카

멕시코가 있는 중앙아메리카에는 숲과 사막이 모두 펼쳐져 있다. 열대 지방의 숲이 아무리 더워도 황폐한 사막보다는 살아가기가 훨씬 더 수월하다.

울창한 숲에 아침이 밝았다. 밤새 사냥을 한 재규어가 쉬는 동안 큰개미핥기는 두려울 게 없다. 길고 끈적끈적한 혀를 내밀고 개미들을 잡아먹기만 하면 된다.

중앙아메리카 원주민들은 케찰을 성스러운 새로 여겼다.

초록이구아나의 꼬리는 몸통보다 더 길다. 꼬리 길이만 2미터가 넘는 것도 있다.

아메리카에만 사는 모르포나비는 세계에서 제일 예쁜 나비로 손꼽힌다.

타란툴라는 보통 거미보다 훨씬 크다. 사람 손바닥보다 큰 놈들도 있는데 그렇게 위험하지는 않다.

멕시코 사막에 밤이 오면 코요테는 사냥을 나간다. 코요테는 늑대보다 덩치가 작고 움직임도 덜 민첩하지만 가끔 길달리기새를 잡기도 한다. 길이가 2미터나 되는 다이아몬드방울뱀은 아주 치명적인 독을 갖고 있는 뱀으로 매우 위험하다. 꼬리를 포함한 몸 전체의 길이가 30센티미터밖에 안 되는 캥거루쥐는 마치 캥거루처럼 폴짝폴짝 뛰면서 멀리 달아난다.

야생칠면조

야생칠면조는 구애를 할 때에 꼬리를 부채 모양으로 활짝 펴고 '꾸루꾸루' 하고 운다.

아마존 열대 우림

비가 많이 내리고 기온이 높은 아마존 강 유역의 열대 우림. 세계에서 이 곳만큼 다양한 생물이 많이 사는 숲은 없을 것이다.

아마존 열대 우림은 지구에서 가장 힘차게 흐르는 아마존 강과 그 강의 수많은 지류들을 중심으로 형성되어 있다.

아마존에서 동물들을 눈으로 관찰하기는 힘들어도 소리를 듣기는 쉽다. 그 중에서도 **고함원숭이**는 가장 소란스러운 부류이다.

큰부리새는 커다란 부리를 뽐내며 구애한다.

에메랄드나무보아의 머리는 개의 머리와 비슷하게 생겼다. 사냥감을 둘둘 말아 질식시켜 죽인다.

갈고리발톱으로 나무에 매달려 있는 **나무늘보**는 하루에 15시간 이상을 잔다.

오셀롯은 낮에는 나무그늘에서 쉬고, 밤이면 땅에서 사냥을 한다. 오셀롯이 좋아하는 먹잇감은 포동포동한 설치류인 **파커**이다.

왕아르마딜로는 갑옷 같은 등딱지로 자신을 보호한다. 큰 발톱으로 땅을 파헤쳐서 개미나 벌레 등의 먹이를 찾는다.

마모셋원숭이

마모셋원숭이는 몸집이 아주 작다. 키가 30센티미터도 안 되고, 다람쥐보다 민첩하게 나무 위를 돌아다닌다. 피그미마모셋원숭이는 15센티미터쯤밖에 안 된다.

남아메리카

아마존 밀림에 사는 금강앵무는 생김새만큼이나 울음소리도 요란하다.

거미원숭이는 나무를 타고 다닐 때 두 팔과 두 다리, 그리고 꼬리까지 사용한다.

마타마타거북은 흐르는 물에 몸을 숨긴다.

카피바라는 키가 약 1.2미터로 설치류 중에서 제일 크다. 물에서 많은 시간을 보낸다.

물이 흐르는 곳과 늪지는 숨어 지내기에 좋은 장소이다. 길이가 10미터나 되는 **아나콘다**는 그물무늬비단뱀과 함께 세상에서 가장 긴 뱀으로 꼽힌다. 힘센 악어도 친친 감아서 죽일 수 있다.

맥은 식물을 먹고 살며 땅은 물론이고 물에서도 불편 없이 살 수 있다. 몸길이는 2미터쯤 되고, 긴 코를 물 밖에 내놓고 헤엄을 친다.

개구리
밀림에 사는 작은 개구리들은 대부분 색깔이 화려하다. 자신에겐 독이 있으니 잡아먹지 말라는 뜻!

피라니아
피라니아 물고기는 떼를 지어 다니면서 사냥을 한다. 작고 날카로운 이빨로 공격하면 맥 한 마리쯤은 몇 분 만에 사라져 버린다.

높은 산과 팜파스

남아메리카 서쪽에 있는 안데스 산맥은 전체 길이가 8,000킬로미터쯤 되어, 세계에서 가장 긴 산맥으로 손꼽힌다. 동쪽으로는 아르헨티나를 중심으로 펼쳐진 대초원, 팜파스가 있다.

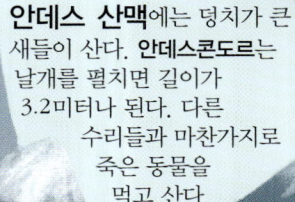

안데스 산맥에는 덩치가 큰 새들이 산다. **안데스콘도르**는 날개를 펼치면 길이가 3.2미터나 된다. 다른 수리들과 마찬가지로 죽은 동물을 먹고 산다.

구아나코는 낙타와 같이 되새김질을 하는 반추 동물이다. 아마도 라마의 조상쯤 될 듯!

해발 6,000미터가 넘는 높은 산악 지대에 사는 새들은 같은 종이라도 다른 지역의 새보다 몸집이 크다. 보통 6센티미터 안팎인 **벌새**의 경우에도 안데스의 벌새는 20센티미터나 된다.

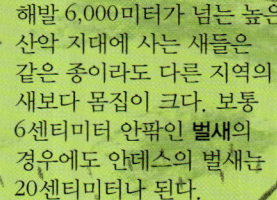

뿔개구리는 들쥐나 작은 새도 잡아먹는다.

이 지역 사람들은 **라마**를 길러서 털과 고기를 얻고 운송 수단으로도 많이 이용한다.

알파카는 안데스 산맥에서 양 같은 역할을 하는 작은 라마이다. 털이 아주 따뜻하고 부드럽다.

애기아르마딜로는 솔같이 생겼다. 이 동물은 두더지보다 땅굴을 더 잘 판다.

흡혈박쥐는 날카로운 이빨로 짐승의 피를 빨아먹는다.

비쿠냐는 작고 홀기찬 야생 라마이다. 비쿠냐 역시 털가죽이 부드럽다.

중앙아시아와 시베리아

온대 초원인 스텝에서 중앙아시아의 사막과 시베리아의 숲까지, 모든 것이 드넓게 펼쳐져 있다.

초원수리는 먹잇감을 뒤쫓을 때에 몇 시간 동안이나 지치지도 않고 초원을 날아다닌다.

사이가산양은 크고 두툼한 코 때문에 왠지 못생겨 보인다. 하지만 코가 이런 모양이라서 모래와 먼지를 잘 걸러 숨을 쉬기에 좋다고 한다.

쇠재두루미는 중앙아시아 스텝에서 지내다가 겨울에는 남쪽으로 이동한다.

스텝에 사는 **뱀**이 한낮에 사냥을 나섰다.

두꺼비는 밤이 되기를 기다렸다가 곤충을 잡아먹으러 나간다.

프시발스키 야생마

몽골 초원과 산악 지대, 시베리아 남부 지방에 사는 프시발스키 야생마는 결코 길들일 수 없는 진짜 야생마라고 한다.

고비 사막에 사는 야생 **낙타**는 뭐든지 잘 견딘다. 건조한 기후, 여름날의 무더위, 겨울밤의 무시무시한 추위에도 끄떡없다. 이 곳의 **수리부엉이**는 **모래쥐**를 잡아먹고 산다.

아라비아 사막에서도 **치타**는 신선한 고기를 노리고 재빨리 **가젤**에게 달려든다. 어느 새 **줄무늬하이에나**도 다가와 틈을 노리고 있다.

중앙아시아의 숲은 유럽의 숲과 비슷해서 **살쾡이**, **노루** 등 사는 동물도 비슷하다. 하지만 **반달가슴곰**은 아시아에서만 볼 수 있는 동물이다.

시베리아의 광활한 숲 **타이가**는 겨울이면 텅 빈 듯 보이지만, 그 곳에는 수많은 동물들이 살고 있다.

솔잣새는 한겨울에 낙엽송 씨앗을 먹고 산다.

검은뇌조도 눈밭에서 살아갈 수 있다.

담비는 멋진 털가죽으로 체온을 유지한다. 그래도 날씨가 너무 추우면 버려진 땅굴에 들어가 추위를 피한다.

목걸이레밍쥐는 겨울이 오면 흰색으로 변한다. 눈 밑에 지하 통로를 파서 생활한다.

여름이면 계절에 따라 여행을 하는 동물들이 시베리아 강가로 찾아온다. **쇠기러기**는 알을 낳아 새끼를 기르고, 몸길이가 2미터에 이르는 **시베리아철갑상어**도 알을 낳기 위해 바다에서부터 거슬러 올라온다.

시베리아 끄트머리에 있는 베링 해협은 북아메리카 대륙의 알래스카와 아시아 대륙의 경계를 이룬다. 극지방이라 **북극곰**, **바다코끼리**, **바다표범**이 많이 있다.

시베리아호랑이는 호랑이 중에서도 몸집이 가장 크다. 전 세계적으로 백여 마리가 살고 있을 뿐, 거의 다 사라져 멸종 위기에 있다.

아시아의 산

아시아에는 세계에서 가장 높은 히말라야 산맥을 중심으로 험하고 높은 산이 많다.

해발 4,000미터가 넘는 **티베트**의 고지대는 기후가 굽시 혹독하고, 풀보다 돌이 더 많다. 그래도 몇몇 초식 동물들은 꿋꿋하게 살아간다.

야생야크는 티베트와 인도의 잠무카슈미르에서 살고 있다. 발까지 늘어지는 긴 털 덕분에 히말라야 산맥의 매서운 바람에도 잘 견딘다.

눈표범(설표)은 세계에서 가장 높은 산인 에베레스트 산 기슭에 산다. 밤이 되면 슬슬 먹잇감 사냥에 나선다.

히말라야의 **불곰**은 주로 낮에 활동한다. 육식 동물이지만 식물도 많이 먹는다.

큰 뿔이 달린 티베트의 **무플론양**이 풀이 있는 곳을 찾아 산을 오른다.

커다란 뿔을 지닌 이 녀석은 아시아에서 보기 드문 야생 **물소**이다. 물과 진흙을 아주 좋아한다.

히말라야의 **마멋**도 다른 지역의 마멋처럼 무리를 이루어 살아간다. 산을 아주 잘 타고, 겨울에는 겨울잠을 잔다.

우는토끼는 쥐를 닮아 쥐토끼라고도 부른다. 귀가 동그랗고 꼬리가 없다.

수염수리

수염수리는 주로 죽은 동물을 먹고 산다. 히말라야의 수염수리는 해발 8,000미터가 넘는 산꼭대기까지도 날아오를 수 있다.

얼마 안 남은 **자이언트판다**가 중국의 대나무 숲에 살고 있다. 하루 10시간이 넘도록 나뭇잎이나 죽순을 먹는다.

레서판다도 중국에서 산다. 생김새가 아메리카너구리와 비슷해서 너구리판다라고도 부른다.

일본왕도롱뇽

일본왕도롱뇽은 양서류 중에서 덩치가 가장 큰 종으로 몸길이가 1.5미터나 되고, 몸무게도 50킬로그램까지 나간다. 산에서 살지만 절대로 물가를 떠나지 않는다.

일본의 **마카크원숭이**는 털가죽이 두툼해서 추위를 잘 견딘다. 여럿이 함께 온천욕을 즐기기도 한다. **일본사슴**은 시베리아와 일본이 원산지인데 이제는 이 곳에서 보기 힘들고, 세계 여러 나라에 옮겨져 살고 있다.

중국 동부의 동물 보호 구역에는 마지막 남은 야생 악어들이 살고 있다. 전 지구를 통틀어 고작 수백 마리가 남아 있다.

문착(짖는사슴)은 개처럼 짖는 소리를 내고, 드라큘라처럼 송곳니가 기다란 사슴이다. 물론 식물만 먹고 산다.

황조롱이는 수확을 방해하는 설치류를 잡아먹기 때문에 농부들에게는 참 고마운 새이다. 우리나라에서는 천연기념물로 보호받고 있다.

인도

열대의 숲에서 사바나까지, 수많은 동물들이 넘쳐 난다.

인도의 울창한 숲은 『정글 북』의 주인공 모글리가 뛰놀던 곳이다. 하지만 이 곳도 점점 개발이 되고 있다. **코끼리**는 목재를 나르는 데 쓰이고, 긴꼬리원숭이의 일종인 **랑구르**는 먹이를 찾기 위해 도시로 가기도 한다.

날개를 펼치면 길이가 1.5미터나 되는 **루셋큰박쥐**는 가장 큰 박쥐에 속한다. 과일을 즐겨 먹는다.

벵골호랑이는 고독하고 신중한 사냥꾼이다. 물에 들어가는 것도 두려워하지 않는다.

아시아코끼리는 아프리카코끼리에 비해 모든 것이 작다. 키도 작고, 엄니도 작고, 귀도 작고. 그래도 힘은 무척 세다.

흑표범

흑표범은 돌연변이이다. 아주 작은 유전자 변이가 일어나서 이렇게 검고 멋진 털가죽을 갖게 된 것이다. 인도와 자바 섬의 숲에 산다.

천산갑은 몸길이가 1미터쯤 되는데 그 중 70센티미터가 꼬리이다. 온몸이 비늘로 뒤덮여 있고, 나무를 아주 잘 탄다.

가우르는 산악 지대의 숲에 사는 덩치 큰 들소로 몸무게가 1톤 가까이 나간다.

아시아

회색몽구스는 **코브라**와 맞서면 주저하지 않고 먼저 공격한다. 두툼한 털가죽이 몸을 보호하고, 치명적인 독도 어느 정도 견딜 수 있기 때문에 독사를 별로 두려워하지 않는다.

인도의 사바나 지역에 사는 **인디아영양**은 맹수들이 따라잡지 못할 정도로 무척 빠르다. 하지만 인간이 쏘아 대는 총알을 피할 재간은 없다.

야생 상태에 있는 **하천**이나 **늪지대**에는 다리가 긴 새들이 찾아온다.

큰두루미는 사람만큼 키가 크다.

인도공작은 사람의 손을 타지 않은 자연에서 살아간다. 수컷은 암컷을 유혹하기 위해 깃털을 둥글게 펼쳐 보인다. 화려한 수컷에 비해 암컷은 무척 수수하다.

가비알악어는 기다란 주둥이로 물고기를 잡아먹는다. 몸길이가 7미터나 되지만 사람에게는 별로 위험하지 않다.

동남아시아의 섬들

수마트라, 자바, 코모도, 보르네오, 술라웨시……. 열대와 아열대 기후를 보이는 동남아시아의 크고 작은 섬에는 풍부한 식물과 다양한 동물이 많이 살고 있다.

수마트라 섬에는 울창한 잡목림과 늪지가 많아서 초식 동물과 그 동물을 잡아먹는 포식자들이 좋아한다.

큰코뿔새는 부리가 아주 크고, 정수리에는 단단하면서도 가벼운 투구 모양의 돌기가 있다.

구름표범은 다른 표범보다 몸집이 작지만 몸에 난 얼룩무늬는 더 크다.

말레이맥은 헤엄도 잘 치고 뜀박질도 잘한다. 150킬로그램이나 나가는 말레이맥이 들이받으면 호랑이도 쓰러질 정도!

그물무늬비단뱀이 맥 새끼를 덮치고는 질식시키려 한다. 이 거대한 뱀은 표범이나 사람도 꿀꺽 삼킬 수 있다.

수마트라코뿔소는 진흙 목욕을 즐긴다.

⋯⋯ 바비루사

술라웨시 섬과 그 근처의 섬에 사는 바비루사는 위턱의 긴 송곳니가 코의 피부를 뚫고 이마를 향해 자란다. 평생 계속해서 자라는 이빨인 셈이다.

자바 섬에 인구가 많아지면서 숲의 면적은 점점 줄어 들고, 그에 따라 야생 동물의 수도 줄고 있다.

이제 자바 섬에서는 **호랑이**를 보기 힘들다. 호랑이가 집짐승을 자주 공격하여 사람들이 마구 사냥했기 때문이다.

20센티미터쯤 되는 **슬로로리스**는 눈에 잘 띄지 않는다. 밤이면 느릿느릿 나무들 사이를 옮겨 다닌다.

가죽날개원숭이가 머리, 다리, 꼬리 사이에 늘어져 있는 살갗을 쫙 펼치면 마치 하늘을 나는 양탄자처럼 보인다.

구관조는 흉내를 아주 잘 내는 새이다. 앵무새보다 사람의 말소리를 더 잘 따라한다.

보르네오 섬의 커다란 나무 위로는 새나 박쥐가 많이 날아다닌다. 하지만 잘 들여다보면, 공중을 가르며 날고 있는 동물이 새와 박쥐만이 아니다.

보르네오 숲의 **칼새**는 동굴 속에 둥지를 짓는다.

큰박쥐류에 속하는 **날여우박쥐**는 낮 동안은 나무에서 잠을 잔다.

나무 꼭대기에 있던 **날다람쥐**가 300미터 아래의 나뭇가지로 뛰어 내리고 있다.

개구리도 날 수 있다! 개구리 한 마리가 물갈퀴를 활짝 펴고 뛰어 내린다.

오랑우탄은 낮이나 밤이나 나무에서 지내는데, 날마다 다른 잠자리를 마련한다.

긴팔원숭이는 몇 미터나 떨어져 있는 나뭇가지 사이를 아무 어려움 없이 옮겨 다닌다.

코모도 섬과 그 근처 섬들에서 볼 수 있는 **코모도왕도마뱀**은 길이가 3미터, 몸무게가 130킬로그램이 넘는 거대한 동물이다. 잔인한 포식자라 하여 코모도 드래곤이라고도 부른다.

나무를 아주 잘 타는 **긴코원숭이**는 코가 길어서 눈에 잘 띈다.

오스트레일리아

세상 어느 곳에서도 볼 수 없는 동물들이 이 거대한 섬에 살고 있다.

캥거루 새끼는 어미의 주머니 속에서 자란다. 이런 동물을 유대류라고 하는데, 오스트레일리아에는 캥거루와 **코알라**를 비롯하여 유대류에 속하는 포유류가 몇 종류 있다.

사막에 사는 **가시도마뱀**은 온몸이 가시 같은 비늘로 덮여 있다.

붉은캥거루는 유대류 중에서 가장 크다(키는 1.6미터, 몸무게 70킬로그램 정도). 무려 4미터나 뛰어오를 수 있다.

바위왈라비는 무리를 지어 살며 밤에 돌아다니는 작은 캥거루이다.

몸집은 고양이만 하지만 훨씬 더 사나운 **태즈메이니아데빌**은 태즈메이니아 섬에만 산다.

캥거루쥐 주머니쥐 주머니고양이

옛날에는 오스트레일리아에만 사는 쥐, 들쥐, 주머니고양이가 있었다. 우리가 알고 있는 쥐, 들쥐, 고양이는 유럽 사람들이 들여간 것이다. 지금은 그렇게 들어간 동물들이 오스트레일리아 고유의 동물들을 위협하고 있다.

오리너구리는 물에서 산다. 부리는 오리 같고, 꼬리는 비버 같아서 참 특이해 보인다. 오리너구리는 새처럼 알을 낳지만 젖을 먹여 새끼를 기르므로 포유류로 분류된다.

딩고는 몇 천 년 전에 아시아에서 온 사람들이 기르던 개가 야생화된 것으로 보인다. 예전에는 캥거루도 잡아먹었지만 이제는 토끼나 다른 가축을 사냥한다.

오세아니아

바다거북이 오세아니아 섬 해안으로 알을 낳으러 오고 있다.

금조는 몸통의 길이보다 꼬리 깃털이 더 길다. 수컷은 아름다운 깃털을 뽐내며 암컷에게 구애한다.

오스트레일리아에서는 야생 사랑앵무를 볼 수 있다.

새끼 코알라가 유칼립투스 나뭇가지에서 어미의 등에 찰싹 달라붙어 있다. 이제는 제법 커 보이는데도 아직 혼자 모험을 떠나기에는 너무 어린가 보다.

에뮤도 타조처럼 날지 못한다. 몸집이 큰 에뮤는 뜀박질을 잘한다.

에뮤와 몸집이 비슷한 화식조는 뿔처럼 생긴 투구가 머리를 보호하고 있다.

목도리도마뱀

위험을 느끼면 목도리처럼 둘러 있는 장식을 바짝 세우고 쉭쉭 소리를 낸다. 이렇게 상대를 위협해도 통하지 않을 땐 뒷다리로 일어서서 냅다 달아난다.

바다악어는 몸길이 7미터에 몸무게가 1톤이나 되는 거대한 악어이다. 물에서나 육지에서나 민첩하게 움직이고, 아주 위험하다. 오스트레일리아 북부의 하구, 연안 지대, 동남아시아의 섬 등에서 산다.

뉴질랜드와 뉴기니

오세아니아는 오스트레일리아뿐만 아니라 뉴질랜드나 뉴기니를 비롯하여 그 주위의 크고 작은 많은 섬들로 이루어졌다.

수백만 마리의 양이 사는 **뉴질랜드의 섬**은 기후가 온화해서 유럽이나 아시아와 비슷한 분위기가 난다. 다른 곳에서는 볼 수 없는 독특한 동물들이 많이 산다.

키위는 날개가 없어도 다리가 튼튼해서 잘 뛰어다닌다. 깃털도 네발짐승의 털과 비슷하지만, 그래도 새는 새이다.

달리는 새로는 **타카헤**라는 새가 또 있다. 타카헤는 완전히 멸종한 것으로 여겨졌다가 산 속의 들판에서 다시 발견되었다.

옛도마뱀은 공룡이 살던 시대 이후로 전혀 변하지 않은 모습으로 남아 있다. 그러니 '살아 있는 화석'이라고 부를 만도 하다.

뉴기니는 오스트레일리아 북쪽에 있는 커다란 섬이다. 산과 숲이 많고, 기후는 열대성이다.

극락조는 암컷의 마음을 얻기 위해 다른 수컷들과 경쟁한다. 소리를 가장 크게 내는 놈이 암컷을 차지하게 된다.

코카투앵무

예쁜 이 앵무새는 동남아시아, 오세아니아의 몇몇 섬과 오스트레일리아에서만 산다.

나무타기캥거루는 캥거루의 일종이다.

유대류에 속하는 **쿠스쿠스**는 쥐처럼 꼬리에 털이 없다.

정원사새는 암컷을 끌어들이기 위해 지푸라기로 울타리를 만들고, 춤을 추듯 발을 내밀는다.

박쥐

말레이시아와 태국에서도 볼 수 있는 아름다운 **호랑나비**가 산다.

열대사다새는 길고 날렵한 꼬리 깃털이 특징이다.

흰제비갈매기는 대개 나뭇가지 사이에 풀줄기를 쌓고 알을 낳는다. 새끼는 살아남기 위해 악착같이 매달려야만 한다.

큰군함조 수컷이 붉은 목덜미를 과시하듯 한껏 부풀리고 있다.

폴리네시아
태평양 중동부의 수많은 섬들을 아우르는 폴리네시아에는 작은 동물과 새들이 많이 산다.

누벨칼레도니와 태평양의 여러 섬들은 산호초로 둘러싸여 있다. 그다지 깊지 않은 곳에 산호초로 형성된 초호에는 다양한 동물들이 산다.

산호초는 물고기들에게 피난처이자 사냥터이다.

엔젤피시의 납작한 몸에는 검은색, 흰색, 혹은 다양한 색깔의 예쁜 무늬가 있다.

스톤피시에게 접근하기는 쉽지만, 함부로 건드리면 안 된다. 아주 강한 독을 갖고 있기 때문!

산호초에 반갑지 않은 손님인 **뱀상어**가 찾아왔다. 뱀상어는 밤이 되면 사냥을 하러 깊은 곳으로 내려간다.

몸길이가 최대 24미터나 되는 **긴수염고래**는 지구상의 모든 대양을 넘나든다. 동물 중에서 가장 큰 흰긴수염고래 다음으로 크다.

귀상어
머리 부분이 망치나 삽처럼 특이하게 생겼다. 납작한 머리통 양쪽 끝에 눈과 콧구멍이 있다.

태평양

태평양은 지구에서 가장 넓은 대양이다. 하지만 가장 넓다고 해서 가장 많은 동물이 살고 있는 건 아니다.

바다 깊이 들어갈수록 동물의 수는 줄어든다. 먹이인 플랑크톤이 햇빛이 비치는 수면 쪽에 많기 때문에 동물들도 주로 수면 가까이로 몰리는 것이다.

두 마리의 큰 **앨버트로스**가 해수면 가까이로 낮게 날면서 물고기를 잡아챌 준비를 한다. 날개를 펴면 3.5미터나 된다. 날 수 있는 새 중에서는 가장 크다.

병코돌고래는 몸길이가 3미터에 무게는 450킬로그램이나 되는데도 가볍게 물 위로 솟구쳐 오른다.

태평양의 **고등어**는 아주 먼 거리를 여행하는데, 고등어를 뒤쫓는 **백다랑어**보다 빠르지 않아 자주 잡아먹힌다. 살아남으려면 많은 개체수로 승부하는 수밖에 없다. 수많은 고등어들이 이리저리로 퍼져서 포식자들을 흩어 놓는 것이다.

14미터나 되는 **고래상어**가 한가로이 헤엄을 치고 있다. 입만 쩍 벌려도 플랑크톤이 충분히 들어간다.

⋯▸ 백상아리

백상아리는 아주 위험한 상어이다. 하지만 사람을 공격할 때에는 사람을 바다표범으로 착각하는 경우가 대부분이다. 사람 고기는 별로 좋아하지 않는 것 같다.

25미터에서 30미터에 이르는 **흰긴수염고래**는 모든 시대를 통틀어 가장 큰 동물이라고 말할 수 없지만, 가장 무거운 동물임에 틀림없다. 몸무게가 100에서 150톤이나 나가고, 흰긴수염고래 한 마리가 하루에 먹는 크릴만 4톤이 넘는다.

깊은 바다의 거대한 동물들

수심 500미터 이하의 어둡고 깊은 바다에는 동물이 별로 없지만, 몸집이 엄청나게 큰 동물들이 이 곳에서 모험을 펼치며 살고 있다.

몸길이가 4미터쯤 되는 **메가마우스상어**는 밤이 되면 플랑크톤을 먹기 위해 해수면 가까이 올라갔다가 낮에는 수심 200~1,000미터 사이로 내려간다.

향유고래는 잠수함처럼 수심 3,000미터나 되는 곳에서 한 시간 넘게 버티고 있다가 숨을 쉬러 위로 올라오곤 한다.

깊은 바다에 사는 **오징어** 중에는 다리가 유난히 길어서 몸길이가 20미터를 넘는 것들도 있다.

심해의 동물들

햇빛은 바다 깊숙이까지 파고들지 못한다. 햇빛이 없으면 해조류도 없고, 해조류가 없으면 동물도 살지 못한다. 하지만 동물이 전혀 없는 건 아니다. 심해에 사는 몇 안 되는 동물들은 여러 가지 찌꺼기를 먹거나 서로를 잡아먹으면서 살아간다.

귀신고기는 이빨이 어찌나 긴지 입을 다물면 자기 턱에 이빨이 박힐 정도이다.

심해장어는 자기 몸집과 맞먹을 정도로 큰 먹이도 삼킬 수 있다.

심해아귀는 먹이를 유혹하기 위해 빛을 내뿜는다.

해저의 화산에서 나오는 온천수는 심해의 '오아시스'와 같아 여러 동물들이 이 곳으로 모여든다. 여기서 멀어지면 멀어질수록 바다는 사막처럼 척박해진다.

심해게

심해조개

유수동물

남극

얼음으로 뒤덮인 남극 대륙은 육지 위에도 두꺼운 얼음층이 있고, 북극보다 더 춥다.

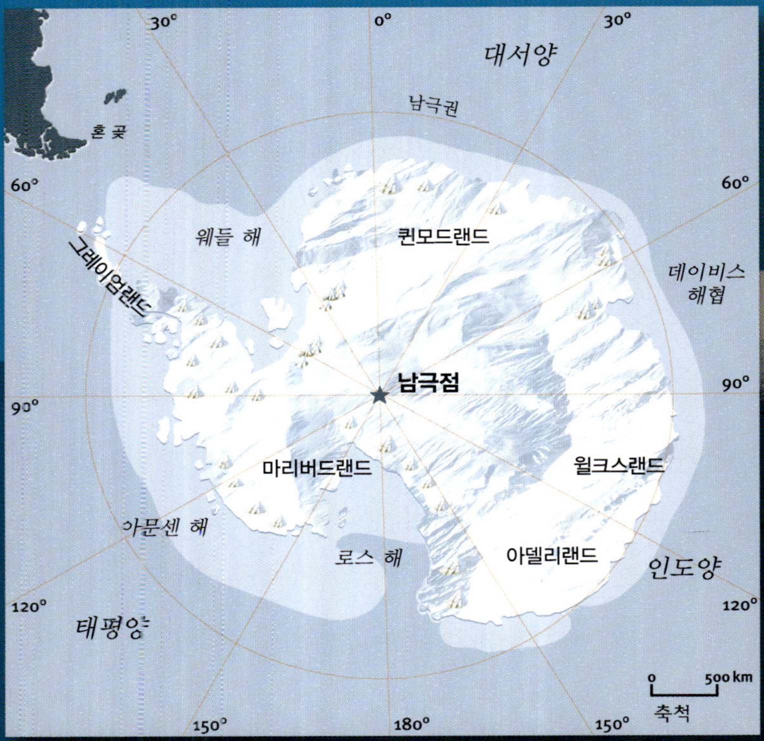

남극 대륙에는 먹을 것이 거의 없어서 사막이나 마찬가지이다. 남극의 동물은 주로 얼음 덩어리와 바다가 만나는 곳에 살면서 바다에서 먹이를 구한다.

남극의 **코끼리물범**은 몸길이가 4미터가 넘고 무게가 3~4톤쯤 된다. 수컷 한 마리는 40~50마리나 되는 암컷들을 거느리는데, 암컷은 해마다 한 마리의 새끼를 낳는다.

게잡이물범은 가장 흔히 볼 수 있는 바다표범으로 남극 주위에 수백만 마리나 산다. 범고래의 먹이가 된다.

눈 둘레가 하얀 **아델리펭귄**은 맵시가 그럴듯하다.

록호퍼펭귄은 남극의 인도양 쪽에 있는 섬에서 산다.

크릴

크릴은 차가운 바다에 구름처럼 떼를 지어 다니는 갑각류로서 아주 작은 새우 모양이다. 물고기, 물범, 고래, 새 등 남극에 사는 많은 동물들은 주로 크릴을 먹이로 삼는다.

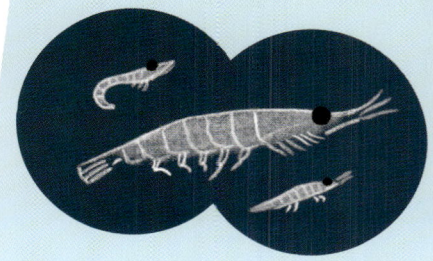

남극 대륙에서 가장 유명한 새는 날지 못하는 펭귄이다.
하지만 이 곳에도 날 줄 아는 새들이 있다!

빙산 위에 **긴다리바다제비**가 앉아 있다. 빙산은 바닷물이 얼어붙어 만들어졌지만 보통 얼음보다는 덜 차갑다.

남극의 **풀마갈매기**는 얼음이 없는 연안 계곡에 둥지를 튼다. 하지만 가끔은 눈밭이나 바위틈에도 둥지를 만든다.

동물들은 남극의 무시무시한 겨울을 피해 달아나지만 **황제펭귄**만은 남아 있다. 펭귄 중에서 가장 큰 황제펭귄은 지방층이 두꺼워서 추위를 잘 견딘다. 여름 동안 황제펭귄의 새끼들은 어른 펭귄이 지켜보는 가운데 서로 무리를 지어 꼭꼭 붙어 지낸다.

펭귄의 3대 천적

몸에 기름기가 많고 유순한 펭귄은 바다와 하늘의 포식자들이 좋아할 만한 사냥감이다.

얼룩무늬물범은 아주 사나워서 범이라는 말이 정말 잘 어울린다.

덩치 큰 **도둑갈매기**는 주로 펭귄 알과 새끼를 공격한다.

범고래는 펭귄을 잡아먹으려고 암초와 부딪힐 위험도 무릅쓰고 해변으로 다가온다.

찾아보기

ㄱ
가마우지 41
가봉북살무사 22
가비알악어 49
가시도마뱀 54
가시복 31
가우르 48
가죽날개원숭이 50
가지뿔영양 (프롱혼) 28
갈기늑대 39
갈라파고스거북 41
갈라파고스펭귄 41
갈색곰 6
개복치 40
개코원숭이 20
거미 9
거미원숭이 37
검은뇌조 45
검은눈썹앨버트로스 40
검은독거미 29
검은코뿔소 20
검정지느러미상어 31
게잡이물범 60
고등어 58
고래상어 58
고함원숭이 36
구관조 50
구름표범 50
구슬도마뱀 13
구아나코 38
군대개미 23
굴파기올빼미 28
귀상어 57
귀신고기 59
그리즐리베어 24, 26
그물무늬비단뱀 50
극락조 56
금조 55
기린 21
긴다리바다제비 61
긴수염고래 12, 57
긴코원숭이 51
긴팔원숭이 51
까막딱따구리 32
꼬치고기 31
꿩 9

ㄴ
나무늘보 36
나무타기캥거루 56
나일악어 18
낙타 44
날다람쥐 51
날여우박쥐 51
넙치 12
노랑때까치 19
노랑투구코뿔새 22
노루 44
놀래기 12
농어 18
눈들쥐 11
눈표범 46

ㄷ, ㄹ
다슬기 13
다윈핀치 41
다이아몬드방울뱀 33
단봉낙타 16
달랑게 32
닭새우 18
담비 8, 45
대구 12
대서양수염상어 31
도둑갈매기 61
도마뱀 17
도마뱀붙이 17
독수리 10, 20
돌고래 12, 40
돌돔 31
두꺼비 13, 44
들쥐 10
들소 28
딩고 54
딱따구리 8
땅다람쥐 7
땅돼지 21
뛰는쥐 16
라마 38
라텔 23
랑구르 48
레밍 6
레서판다 47
레아 39
로키염소 27
록호퍼펭귄 60
루셋큰박쥐 48

ㅁ
마멋 10, 27, 46
마모셋원숭이 36
마운틴고릴라 22
마카크원숭이 42, 47
마타마타거북 37
말레이맥 42, 50
말미잘 12, 31
말코손바닥사슴 6
매미 13
맥 37
맨드릴개코원숭이 22
메가마우스상어 59
메기 30
메뚜기 21
멧돼지 8
멧토끼 9, 16
모기 26
모르포나비 33
목걸이레밍쥐 45
목도리도마뱀 55
목도리페커리 39
몽구스 19, 32
무플론양 46
문착 47
물개 40
물범 6
물소 21, 46
물수리 27
미어캣 (슈리케이트) 21

ㅂ
바다가재 12
바다거북 19, 52
바다사자 29
바다악어 55
바다이구아나 41
바다코끼리 45
바다표범 45
바비루사 50
바위뇌조 11
바위왈라비 54
반달가슴곰 44
방울뱀 29
백로 19
백상아리 58
뱀독수리 7
뱀상어 57
뱀잠자리수리 21
벌꿀길잡이새 23
벌새 30, 38
범고래 61
벨록스여우 29
벨루가 6
뱅골호랑이 48
병코돌고래 58
북극곰 6, 45
북극여우 6
북극제비갈매기 40
북아메리카주머니쥐 30
불가사리 13
불곰 46
붉은개미 9
붉은다람쥐 8
붉은발개구리 29
붉은사슴 8
붉은스라소니 29
붉은캥거루 54
비단날개새 32
비버 27
비스카차 39
비쿠냐 38
뿔개구리 38
뿔이구아나 32

ㅅ
사랑앵무 55
사마귀 13
사막뱀 16
사이가산양 44
사자 14, 20
사향소 6
산호초 57
살모사 10
살쾡이 44
삿갓조개 13
새우 18
사무아 11
서아프리카관두루미 18
성게 13
소라게 13
솔잣새 45
쇠기러기 6, 45
쇠돌고래 12
쇠똥구리 18
쇠재두루미 44
수리부엉이 44
수마트라코뿔소 50
수염수리 46
순록 4, 6
숭어 12
스라소니 4
스톤피시 57
스프링영양 17
슬로로리스 55
시베리아철갑상어 45
시베리아호랑이 45
시클리드 18
실러캔스 19
심해아귀 59
심해장어 59

ㅇ
아나콘다 37
아놀도마뱀 32
아델리펭귄 60
아메리카너구리 27
아이아이원숭이 19
아이티솔레노돈 32
아폴로모사나비 10
아프리카대머리황새 21
아프리카들개 (리카온) 20
아홉띠아르마딜로 29
악어 21
악어거북 30
안데스콘도르 38
알파카 38
알프스영원 11
애기백관해파리 40
애기아르마딜로 38
애닥스 (나사뿔영양) 17
앨버트로스 58
야생야크 46
야생염소 10
야생칠면조 33
야자집게 19
양쥐돔 31
얼룩말 20
얼룩무늬물범 61
에메랄드나무보아 36
에뮤 55
엔젤피시 57
여우 8
연어 26
열대사다새 57
옛도마뱀 56
오랑우탄 51
오리너구리 54
오릭스영양 17
오셀롯 36
오소리 8
오카피 22
오피사우루스 7
올빼미 8
왕아르마딜로 36
우는토끼 46
유럽들소 7
유럽벌잡이새 13
유럽비버 8
육지이구아나 41
이사벨나방 10
이집트대머리수리 18
인드리원숭이 19
인디아영양 49
일각고래 12
일본사슴 47
일본왕도롱뇽 47
임팔라영양 21

ㅈ, ㅊ
자바리 13
자이언트판다 47
자칼 20
장수거북 31
전갈 13, 17
점박이올빼미 29
점줄우럭 31
정어리 18
제부 32
주걱철갑상어 30
주머니고양이 54
주머니쥐 54
줄무늬다람쥐 27
줄무늬스컹크 29
줄무늬하이에나 44
쥐가오리 31
참다랑어 13
천산갑 48
청어 18
체체파리 22
초록이구아나 33
초원수리 44
치타 20, 44
침팬지 23

ㅋ
카리부 26
카멜레온 19
카피바라 37
칼새 51
캥거루쥐 33, 54
케찰 33
코끼리 20, 48
코끼리물범 60
코디액불곰 26
코모도왕도마뱀 51
코브라 49
코알라 55
코요테 28, 33
코카투앵무 56
쿠두 21
쿠스쿠스 56
크릴 60
큰개미핥기 33
큰군함조 77
큰두루미 49
큰부리새 36
큰부리바다오리 12
큰코뿔새 50
클라운피시 31
키위 56

ㅌ, ㅍ
타란툴라 33
타조 21
타카헤 56
태즈메이니아데빌 54
턱수염물범 12
팜파스사슴 39
퍼핀 60
페넥여우 16
펭귄 60
푸른발부비 41
풀마갈매기 61
풍뎅이 9
퓨마 27, 39
프레리도그 28
피그미올빼미 32
피라니아 37

ㅎ
하마 18
하이에나 20
해골박각시 9
해달 40
햄스터 7
향유고래 13, 59
호랑나비 57
호랑이 42, 50
호랑이꼬리여우원숭이 19
호저 23
혹등고래 31
홍학 13
화덕딱새 39
화식조 55
황금두더지 17
황제펭귄 61
황조롱이 47
회색늑대 26
회색몽구스 49
회색바다표범 12
혹멧돼지 21
혹표범 42, 48
흡혈박쥐 38
흰가랑이잡이 12
흰긴수염고래 58
흰꼬리사슴 27
흰머리수리 28
흰목대머리수리 11
흰올빼미 4
흰제비갈매기 57

MON ATLAS LAROUSSE DES ANIMAUX
© Larousse, Paris 2006
Korean translation © Munhakdongne 2007
Printed in Malaysia
This Korean edition is published by arrangement with Editions Larousse through Sibylle Books Literary Agency.
이 책의 한국어판 저작권은 시빌 에이전시를 통해 Larousse 사와 독점 계약한 (주)문학동네에 있습니다. 저작권법에 의해 한국 내에서 보호를 받는 저작물이므로 무단 전재와 복제를 금합니다.

동물 아틀라스
초판인쇄 2007년 9월 20일 | 초판발행 2007년 10월 1일
글 에릭 마티베 | 그림 벵자맹 쇼, 제레미 클라팽 | 옮긴이 이세진
감수 원창만
책임편집 윤석기 최유미 석혜란 정혜경 | 디자인 김지선
펴낸이 강병선 | 펴낸곳 (주)문학동네
출판등록 1993년 10월 22일 제406-2003-000045호
주소 413-756 경기도 파주시 교하읍 문발리 파주출판도시 513-8
전자우편 kids@munhak.com | 홈페이지 www.kids.munhak.com
전화 (031)955-8888 | 전송 (031)955-8855
ISBN 978-89-546-0285-3 77980

이 도서의 국립중앙도서관 출판시도서목록(CIP)은 e-CIP 홈페이지
(http://www.nl.go.kr/cip.php)에서 이용하실 수 있습니다.
(CIP제어번호 : 2007000559)